북극과 남극

지구 끝에
무슨 일이?!

사진출처

셔터스톡_ 21p 오로라 / 38p 북극곰 / 44p 대륙 형성 과정 / 45p 3D 리스트로사우루스 / 73p 북극토끼, 북극여우 / 81p 임금펭귄

프람 박물관_ 23p 북극 원주민

위키피디아_ 57p 아문센, 스콧

연합뉴스_ 59p 아라온호 / 88p 세종과학기지, 장보고과학기지

• 별도 표기 외 본문 사진은 저자의 저작물입니다.

통합교과 시리즈
참 잘했어요 과학 38

지구 끝에 무슨 일이?! 북극과 남극

ⓒ 박수현, 2025

1판 1쇄 발행 2025년 12월 5일

글·사진 박수현 | **그림** 최원선 | **감수** 서울과학교사모임
펴낸이 권준구 | **펴낸곳** (주)지학사
편집장 김지영 | **편집** 박보영 이지연 | **교정교열** 김새롬 | **디자인** 이혜리
인포그래픽 김상준 | **마케팅** 송성만 손정빈 윤슬옥 이채영 | **제작** 김현정 이진형 강석준 오지형
등록 2010년 1월 29일(제313-2010-24호) | **주소** 서울시 마포구 신촌로6길 5
전화 02.330.5263 | **팩스** 02.3141.4488 | **이메일** arbolbooks@jihak.co.kr
ISBN 979-11-6204-209-0 73400

잘못된 책은 구입하신 곳에서 바꿔 드립니다.

제조국 대한민국   사용연령 8세 이상
KC마크는 이 제품이 공통안전기준에 적합하였음을 의미합니다.

 아르볼은 '나무'를 뜻하는 스페인어. 어린이들의 마음에 담긴 씨앗을 알찬 열매로 맺게 하는 나무가 되겠습니다.

홈페이지 www.jihak.co.kr/arbol | **블로그** blog.naver.com/arbolbooks

 ## 과학은 왜 어려울까?

- 생명과학, 지구과학, 물리학, 화학 등 공부해야 할 범위가 넓다.
- 책이나 교과서를 볼 땐 이해할 것 같다가도 돌아서면 헷갈린다.
- 과학 현상이나 원리가 어려워서 이해가 안 된다.
- 과학 공부를 할 때 어려운 단어가 많이 나온다.

 ## 과학 공부, 쉽게 하려면 통합교과 시리즈를 펼치자!

통합교과란?

- 서로 다른 교과를 주제나 활동 중심으로 엮은 새로운 개념의 교과
- 하나의 주제를 **개념·환경·역사·생물·미래학** 등 다양한 영역에서 접근해 정보 전달 효과를 높임
- 문·이과 통합 교육 과정에 안성맞춤

 **이런 학생들에게 통합교과 시리즈를 추천합니다!**

- 과학 교과를 처음 배우는 초등학교 **3학년**
- 과학이 지겹고 어렵게 느껴지는 **4학년**

개념
개념을 알아야 주제가 보인다!
개념 완벽 정리!

미래학
지금의 사회를 둘러보고
앞으로의 사회 예측해 보기

통합교과 시리즈

환경
주제와 관련된
환경 문제를 알아보고
해결 방안 탐색

생물
과학 분야를 샅샅이 파고들어
주제에 대한 이해력을 쑥!

역사
과거부터 현재까지,
관련 분야의 역사 지식이
머릿속에 쏙!

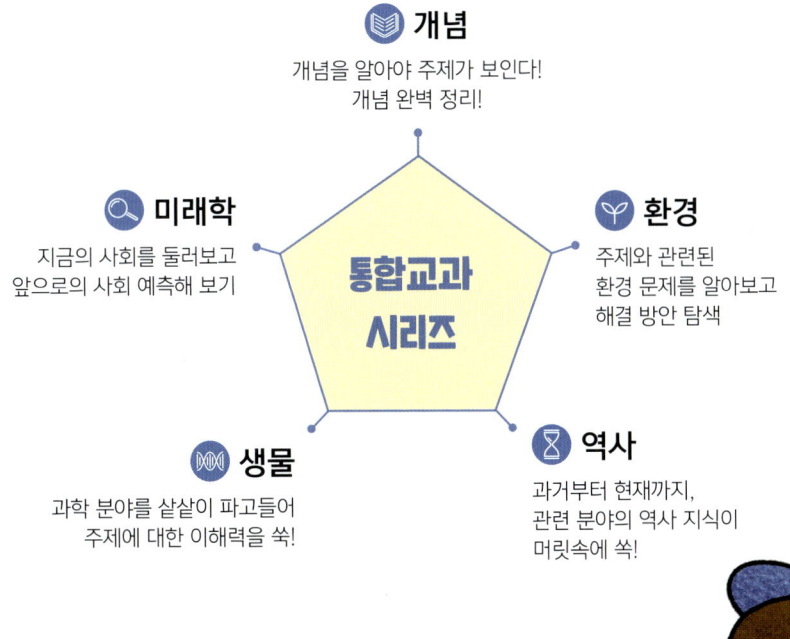

1화

지구의 끝과 끝 개념 북극과 남극 10

- 16 북극과 남극은 어디에 있을까?
- 18 지구에서 가장 추운 곳
- 20 극지방의 신기한 자연 현상
- 22 같은 듯 다른 북극과 남극
- 26 한 걸음 더: 북극과 남극을 오가는 새

2화

북극의 눈물 환경 극지방에 닥친 위기 28

- 34 오존층에 생긴 구멍
- 36 지구 온난화 때문에
- 38 극지방 생태계가 위험해
- 40 극지방에서 찾은 실마리
- 44 한 걸음 더: 남극은 어떻게 생겨났을까?

3화

남극을 향해 역사 극지방 탐험 역사 46

- 52 북극에도 사람이 살아
- 54 북극해를 지나는 지름길
- 56 남극을 찾아서
- 58 멈추지 않는 도전
- 62 한 걸음 더: 아문센과 스콧의 경쟁

4화

새로운 친구를 만나　　생물　극지방에 사는 생물　64

- 70　북극의 환경과 생태계
- 72　북극에 사는 동물은?
- 74　남극의 환경과 생태계
- 76　남극에 사는 동물은?
- 80　한 걸음 더: 펭귄 이름에 얽힌 사연

5화

극지방을 밝혀라　　미래학　미래를 준비하는 과학 기지　82

- 88　우리나라의 극지방 연구
- 90　극지방 대원들의 생활
- 92　극지방에서 이루어지는 연구
- 94　미래를 위해!
- 98　한 걸음 더: 극지방 기지를 찾아서

- 100　워크북
- 110　정답 및 해설
- 112　찾아보기

- 북극과 남극은 어디에 있을까?
- 지구에서 가장 추운 곳
- 극지방의 신기한 자연 현상
- 같은 듯 다른 북극과 남극

한눈에 쏙   북극과 남극
한걸음 더   북극과 남극을 오가는 새

북극과 남극은 어디에 있을까?

지구본에서 북극과 남극을 찾아볼까요? 위쪽 끝에 북극이, 아래쪽 끝에 남극이 있어요. 이렇게 북극과 남극은 지구의 끝과 끝, 서로 반대편에 자리하지요.

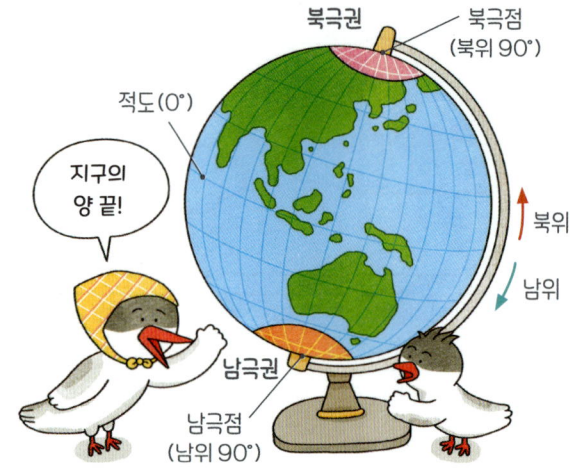

북쪽 끝에 있는 북극

지구본 중심에 그어진 가로선을 적도라고 해요. 위도는 적도를 기준으로 북쪽 또는 남쪽으로 얼마나 떨어져 있는지를 나타내고요. 북극점은 적도에서 북쪽으로 가장 멀리 떨어진 북위 90도(°)에 위치해요. 북극점 주변에는 얼음으로 덮인 북극해가 펼쳐져 있어요.

일반적으로 북극(북극권)은 북위 66도 33분보다 북쪽에 있는 지역을 말해요. 이보다 높은 위도에서는 하루 종일 낮이나 밤이 계속되는 현상이 나타나거든요. 여기에 땅이 걸쳐 있는 러시아, 미국, 캐나다, 덴마크령 그린란드, 아이슬란드, 노르웨이, 스웨덴, 핀란드 등이 영유권*을 가져요.

★ **영유권** 어떤 것의 소유자임을 내세울 권리.

남쪽 끝에 있는 남극

남극점은 적도에서 남쪽으로 가장 멀리 떨어진 남위 90도에 있어요. 남극(남극권)은 세계 여러 나라가 맺은 남극 조약에 따르면 남위 60도보다 남쪽에 있는 지역을 가리켜요.

북극과 달리 남극 대부분은 넓은 땅덩어리로, 남극해에 둘러싸여 있어요. 남극 대륙 면적은 한반도의 60배가 넘고, 중국과 인도를 합친 것보다도 크며, 지구 전체 육지 면적의 약 10퍼센트를 차지할 정도이지요.

남극 대륙의 약 98퍼센트는 얼음으로 덮여 있고, 얼음의 평균 두께는 무려 2,100미터가 넘어요. 전 세계 얼음의 약 90퍼센트는 남극에 있다고 해요.

북극에는 바다, 남극에는 대륙

지구에서 가장 추운 곳

북극과 남극을 가리켜 극지방이라고 해요. 극지방은 기온이 매우 낮아서 눈과 얼음으로 뒤덮여 있어요. 이렇게 추운 까닭은 지구가 공처럼 둥글어서 극지방에 태양 에너지가 적게 들어오기 때문이에요. 태양이 똑바로 비추는 적도 지방은 기온이 높지만, 태양이 비스듬히 비추는 극지방은 기온이 낮지요.

극지방의 얼음덩어리

극지방은 해빙과 빙하라는 거대한 얼음덩어리로 덮여 있어요. 해빙은 바닷물이 꽁꽁 얼어서 만들어진 것이고, 빙하는 오랜 세월 동안 눈이 쌓이고 쌓여서 만들어진 것이에요.

바닷물이 얼어서 생긴 해빙

지구에 있는 물의 양을 100으로 보면, 그중 97퍼센트가 바닷물이고, 나머지 3퍼센트가 마실 수 있는 민물이에요. 민물 대부분은 남극 대륙에 얼음 상태로 존재하지요.

빙하에도 종류가 있다고?

빙상은 육지를 넓게 뒤덮고 있는 빙하예요. 빙하는 제자리에 멈춰 있는 것처럼 보이지만 실제로는 낮은 곳으로 서서히 이동해요. 이렇게 흘러 내려와 육지의 빙하와 이어진 채로 바다에 떠 있는 것이 빙붕이지요. 바닷물에 일부가 녹아들기도 하지만, 육지로부터 빙하가 계속 흘러와 크기와 두께는 잘 변하지 않아요. 빙산은 따로 떨어져 나와 바다에 둥둥 떠다니는 얼음덩어리예요. 바닷물 위로 5미터 이상 솟아 있으면 빙산으로, 그보다 작으면 유빙으로 나누기도 해요.

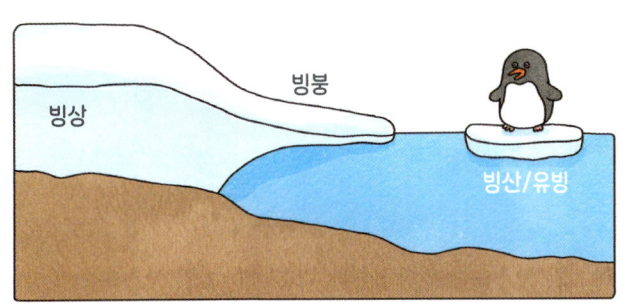

빙하가 갈라진 크레바스

빙하는 흐르는 강물 같아요. 강물의 흐름이 일정하지 않듯, 빙하도 지형에 따라 흐르는 속도가 달라요. 이렇게 불규칙하게 흐르면 빙하에 틈이 생기게 되는데, 바로 크레바스예요.

빙하가 갈라져 생긴 크레바스

크레바스의 깊이는 보통 수십 미터에 이르러요. 극지방을 탐험하는 모험가들에게 크레바스는 커다란 함정처럼 느껴져요. 발을 헛디뎌 빠지면 다시 올라오기가 무척 힘들거든요.

극지방의 신기한 자연 현상

극지방에서는 신기한 자연 현상이 나타나요. 어떤 자연 현상이 있고, 이런 자연 현상이 왜 나타나는지 알아봐요.

밝은 밤과 어두운 낮

태양이 뜨면 낮이 되고, 태양이 지면 밤이 되는 것이 당연해요. 그런데 극지방에서는 태양이 지지 않는 밝은 밤(백야)과 태양이 뜨지 않는 어두운 낮(극야)이 나타나요. 특히 북극점과 남극점에서는 반년 동안은 낮처럼 밝기만 하다가, 또 반년 동안은 밤처럼 어둡기만 하지요.

이런 자연 현상이 나타나는 가장 큰 이유는 지구가 기울어진 채로 태양 둘레를 돌기 때문이에요. 지구 위치에 따라 태양 빛이 들어오는 각도가 달라지거든요. 같은 이유에서 계절의 변화도 생겨요.

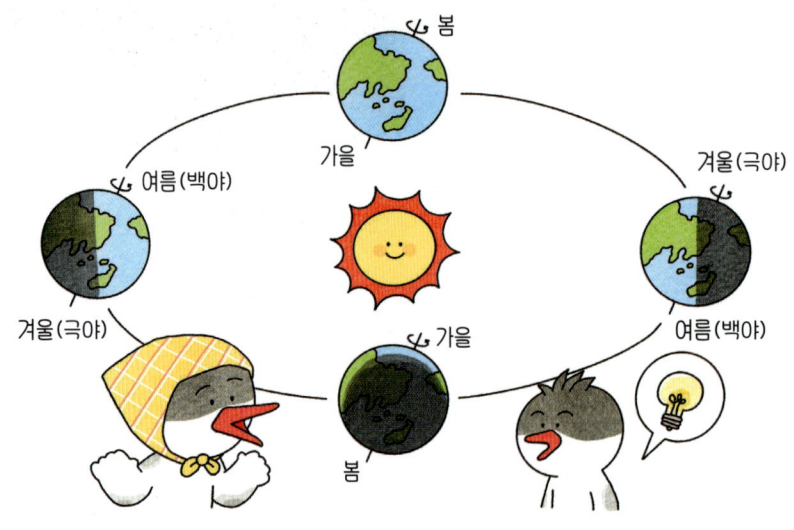

빛의 커튼, 오로라

밤하늘에 너울거리는 오로라는 마치 빛나는 커튼 같아요. 오로라는 왜 생기는 것일까요?

태양은 전기를 띤 입자를 계속 내보내는데, 이를 태양풍이라고 해요. 태양풍 대부분은 지구를 둘러싸고 있는 자기장 밖으로 흩어져요. 그런데 일부가 지구 자기장에 이끌려 극지방으로 들어와 대기(공기층)와 부딪히면 오로라가 나타나지요. 지구 대기는 질소·산소 같은 여러 가지 기체로 이루어져 있는데, 어떤 기체와 부딪히느냐에 따라 오로라 색깔이 초록·보라·빨강·노랑 등으로 다양하게 보여요.

밤하늘을 뒤덮은 초록색 오로라

오로라가 생기는 원리

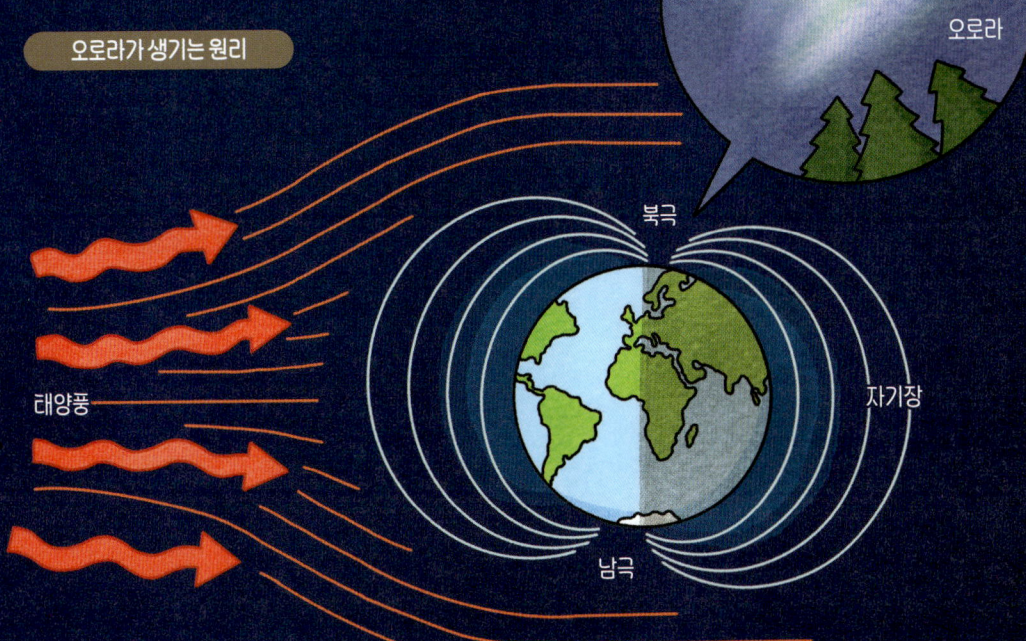

같은 듯 다른 북극과 남극

북극과 남극은 서로 비슷하지만 다른 점도 있어요. 북극과 남극은 어떻게 다를까요?

북극보다 추운 남극

앞에서 살펴본 것처럼 북극 대부분은 바다이고, 남극 대부분은 얼음 덮인 대륙이에요. 바다는 태양이 내보내는 열을 저장하는 저장고 역할을 해요. 북극해는 열을 흡수하는 반면, 남극 대륙의 두꺼운 얼음은 열을 반사하지요. 북극해는 북대서양과 연결돼, 북대서양을 통해 따뜻한 바닷물이 흘러 들어오기도 하고요. 이러한 영향으로 북극은 남극에 비해 기온이 높은 편이에요. 참고로 북극에서 가장 낮게 기록된 기온은 섭씨 영하 69.6도(℃)이고, 남극에서 가장 낮게 기록된 기온은 섭씨 영하 89.2도랍니다.

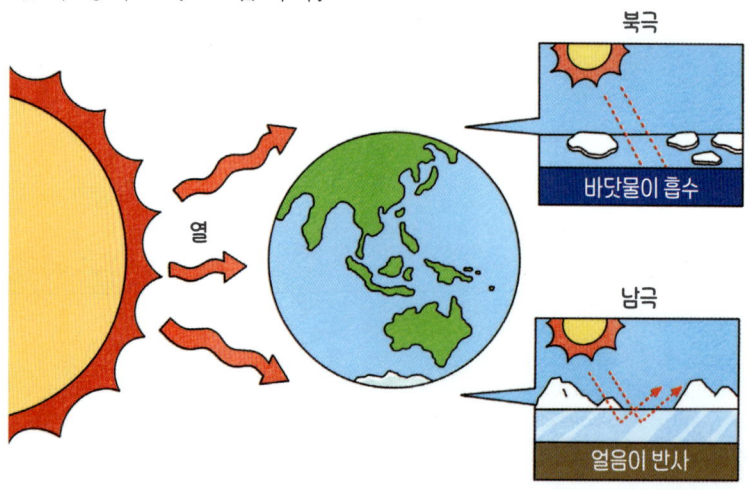

서로 다른 생태계

북극해 주변에 얼어붙은 땅을 '툰드라'라고 해요. 툰드라 지역에 여름이 찾아오면 땅의 겉 부분이 녹아 이끼, 풀, 키 작은 나무 등이 자라요. 이 식물을 먹고 순록, 북극토끼 같은 초식 동물이 살아가지요. 이 초식 동물은 북극곰, 북극늑대 같은 육식 동물에게 좋은 먹잇감이 돼요.

남극에서는 식물이 자라기가 힘들어요. 대신 남극해에는 크릴이 많아요. 크릴은 작은 새우처럼 생긴 동물 플랑크톤인데, 남극의 펭귄을 비롯해 물범·물개·고래 등은 크릴을 먹고 살아요.

북극에 사는 사람들

남극은 매우 추워서 사람이 살기 어려워요. 다른 대륙과 멀리 떨어진 데다 거친 바다에 가로막혀 있기도 하고요. 북극은 남극에 비해 기후 조건이 낫고, 육지에 걸쳐진 지역에서는 오래전부터 사람이 살고 있어요. 지금도 북극에는 원주민을 비롯해 약 400만 명이 살아요.

이런 차이로 남극에는 원주민도 땅 주인도 없어요. 1959년에 정한 남극 조약에 따라 어느 나라도 영유권을 가지지 못하고, 평화적 목적으로만 이용할 수 있답니다.

북극의 원주민

북극과 남극

북극과 남극의 위치
- 지구 북쪽 끝에 북극점이, 반대편인 남쪽 끝에 남극점이 있음.
- 북극(북극권): 북위 66도 33분보다 북쪽에 있는 지역. 북극해와 그 주변 땅을 포함함.
- 남극(남극권): 남극 조약에 따르면 남위 60도보다 남쪽에 있는 지역. 남극해에 둘러싸인 남극 대륙이 대부분을 차지함.

극지방의 얼음
- 극지방이 추운 까닭은 지구가 공처럼 둥글어서 극지방에 태양 에너지가 적게 들어오기 때문임. 태양이 똑바로 비추는 적도 지방은 기온이 높은 반면, 태양이 비스듬히 비추는 극지방은 기온이 낮음. 극지방은 기온이 매우 낮아서 눈과 얼음으로 뒤덮여 있음.
- 해빙: 바닷물이 얼어서 생긴 얼음덩어리.
- 빙하: 오랜 세월 눈이 쌓이고 쌓여서 만들어진 얼음덩어리.
- 빙상: 육지를 넓게 덮고 있는 빙하.
- 빙붕: 육지의 빙하와 이어진 채로 바다에 떠 있는 얼음덩어리.
- 빙산: 빙하에서 떨어져 나와 바다에 둥둥 떠다니는 얼음덩어리.
- 크레바스: 빙하가 갈라져 생긴 깊은 틈.

극지방의 자연 현상

- 지구는 기울어진 상태로 태양 둘레를 돌기 때문에 극지방에 태양 빛이 하루 종일 들어오거나, 아예 들어오지 않는 현상이 나타남.
- 백야: 태양이 지지 않는 밝은 밤.
- 극야: 태양이 뜨지 않는 어두운 낮.
- 오로라: 극지방 하늘에서 주로 나타나는 빛 현상. 지구 자기장에 이끌려 들어온 태양풍 일부가 대기와 부딪혀 생김.

북극과 남극의 차이

- 북극 대부분은 바다이고, 남극 대부분은 얼음 덮인 대륙임. 바다의 영향을 덜 받는 남극은 북극에 비해 추움.
- 북극 툰드라 지역은 여름에 식물이 자랄 수 있음. 이 식물이 동물의 먹이가 됨.
- 남극해에는 크릴이 풍부함. 남극의 펭귄, 물범, 물개, 고래 등은 크릴을 먹고 살아감.
- 남극은 북극보다 기온이 낮은 데다, 다른 대륙과 멀리 떨어져 있어 원주민이 없음. 북극은 북극해를 둘러싼 여덟 나라에 걸쳐 있으나, 남극은 어느 나라에도 속하지 않고 남극 조약에 따라 보호를 받음.

한 걸음 더!

북극과 남극을 오가는 새

북극과 남극은 서로 지구 반대편에 있어요. 북극제비갈매기는 계절에 따라 북극과 남극을 옮겨 다니는데, 몸무게 100그램 정도밖에 되지 않는 작은 새가 어떻게 이 먼 거리를 오갈 수 있을까요?

생김새 살펴보기

다 자란 북극제비갈매기는 몸길이가 35센티미터 안팎이에요. 날개를 펼치면 폭이 75센티미터에서 85센티미터에 이르고요. 깃털은 대개 흰색과 회색을 띠며, 머리와 목덜미는 검어요. 또 뺨은 희고 부리는 붉지요. 붉은 발에는 물갈퀴가 달려 있답니다. 북극제비갈매기는 물 위를 날다가 먹잇감을 발견하면 재빠르게 낚아채거나, 물속에 잠깐 뛰어들어 잡아요.

하늘을 나는 북극제비갈매기

지구 끝에서 끝으로

북극제비갈매기는 4월에서 8월에 걸쳐 북극에 머물며 알을 낳아요. 새끼가 어느 정도 자라면 지구 반대편 남극으로 날아가지요. 그리고 10월에서 이듬해 3월까지 남극에서 지내다 다시 북극으로 돌아와요. 북극제비갈매기가 한 해 동안 이동하는 거리는 7만 킬로미터가 넘는다고 해요. 보통 30년쯤 사니까, 평생 이동하는 거리를 따지면 210만 킬로미터나 되는 셈이랍니다. 자그마치 지구에서 달까지 세 번 오가는 거리와 비슷해요.

힘찬 날갯짓의 비법

북극제비갈매기는 남극으로 먼 여행을 떠나기 위해 새끼를 강하게 길러요. 다른 새들은 먹이를 입에 직접 넣어 주지만, 북극제비갈매

어미가 사냥한 먹이를 기다리는 새끼

기는 사냥해 온 먹이를 새끼에게 슬쩍 보여 주고는 언덕 아래로 던져 버려요. 새끼가 먹이를 찾아 언덕을 내려오면 어미 새는 먹이를 물고 다시 날아 올라가고요. 이렇게 새끼는 언덕을 오르내리면서 머나먼 남극까지 날아갈 힘을 키워요.

오존층에 생긴 구멍

극지방 하늘에 오존이 사라져 구멍이 생겼다고 해요. 왜 이런 일이 일어났는지 함께 생각해 봐요.

오존층이 뭐야?

오존(O_3)은 산소 원자 세 개로 이루어진 기체예요. 대기 중 산소(O_2)가 태양 자외선을 만나 생겨나는 물질로, 땅 근처의 오존은 우리 몸에 해로워요.

그런데 하늘 위 오존은 달라요. 땅에서 약 25킬로미터 떨어진 하늘에 오존이 많이 모여 있는데, 이것을 오존층이라고 해요. 오존층은 태양으로부터 오는 해로운 자외선을 막아 주는 보호막 역할을 하지요.

자외선은 피부를 그을리고 심하면 화상을 입힐 수 있어요. 하지만 오존층 덕분에 지구 위에서 사람을 비롯한 수많은 생물이 안전하게 살아갈 수 있답니다.

오존층 파괴의 범인은?

오존층의 오존 양이 줄어드는 문제로 우리 사회가 시끄러웠어요. 왜 이런 일이 생겼을까요? 바로 사람이 만들어 낸 염화 불화 탄소류(CFCs) 때문이에요. 이른바 프레온 가스라고 하지요. 이전에 프레온 가스는 냉장고·에어컨·헤어스프레이 등에 많이 사용됐는데, 이 프레온 가스가 하늘 위로 올라가 오존을 파괴하면서 오존층이 얇어졌어요. 그래서 흔히 오존 구멍이라고 표현해요.

오존층은 극지방, 특히 남극에서 크게 얇아졌어요. 남극의 오존 구멍은 남극 대륙보다 더 큰 것으로 나타났지요. 과학자들은 이 사실을 알렸고, 1987년 세계 여러 나라는 프레온 가스 같은 오존 파괴 물질을 더 이상 사용하지 않기로 약속했어요. 다행히 이런 노력으로 오존 구멍이 점점 줄어드는 추세랍니다.

자외선을 조심해!

극지방은 오존층이 얇어 자외선이 강한 곳이에요. 자외선이 눈과 얼음에 반사되면 더욱 위험해지는데, 오랜 시간 강한 자외선을 받으면 시력을 잃는 설맹이나 피부암이 생기기도 하지요. 그래서 극지방에서 야외 활동을 할 때는 눈을 보호하는 보안경을 쓰고 자외선 차단제를 발라야 해요.

 ## 지구 온난화 때문에

인간 활동으로 대기 중에 이산화 탄소, 메테인 같은 온실가스가 늘어나면서 기온이 점점 높아지고 있어요. 지구 온난화 영향을 가장 크게 받는 곳이 북극과 남극이에요.

얼음이 녹으면?

지구 온난화로 기온이 오르면서 북극과 남극의 얼음이 빠른 속도로 녹고 있어요. 얼음 녹은 물이 바다로 흘러 들어가면 바닷물 높이가 점점 올라갈 거예요. 한반도 면적의 60배가 넘는 남극 대륙에는 평균 두께 2,100미터가 넘는 얼음이 덮여 있다고 했잖아요? 만약 이 얼음이 모두 녹으면 바닷물 높이가 60미터 정도 올라갈 거라고 해요. 그러면 낮은 땅에 자리한 전 세계 마을과 도시가 잠기겠지요.

언 땅이 녹으면?

툰드라 지역 땅속에는 항상 얼어 있는 영구 동토층이 있어요. 영구 동토층은 주로 러시아 시베리아, 미국 알래스카, 캐나다 북부 등 북극해 주변에 많아요. 지구 온난화로 이 영구 동토층이

영구 동토층으로 이루어진 툰드라

녹으면 땅이 내려앉아 여러 시설이 무너질 거예요. 그뿐 아니라 땅속에 묻혀 있던 온실가스가 쏟아져 나와 지구 온난화가 더 심해질지도 몰라요. 또 세균과 바이러스가 깨어나 감염병이 돌 위험도 있지요.

빙하기가 온다고?

　지구 온난화가 더 심해지면 북반구에 추운 빙하기가 올 수 있다고 해요. 기온이 오르는데 왜 추워지냐고요? 해빙이 만들어질 때는 소금기가 주변 바다로 빠져나가고 물만 남아 얼어요. 소금기가 더해진 주변 바닷물은 상대적으로 무거워져 가라앉는데, 이 바닷물은 바다 깊은 곳을 따라 적도 쪽으로 이동하지요. 빈 공간을 적도 쪽에서 올라온 따뜻한 바닷물이 채우고요. 이렇게 바닷물은 지역과 지역 사이에 열을 옮기며 기온을 조절하는 역할을 해요. 그런데 지구 온난화가 심각해져 북극 해빙이 녹으면 어떻게 될까요? 녹은 물이 섞여 들어와 바닷물에 소금기가 줄어드니까 더 이상 가라앉지 않겠지요? 따라서 열 교환이 제대로 이루어지지 못해 북반구에 빙하기가 올 수 있어요.

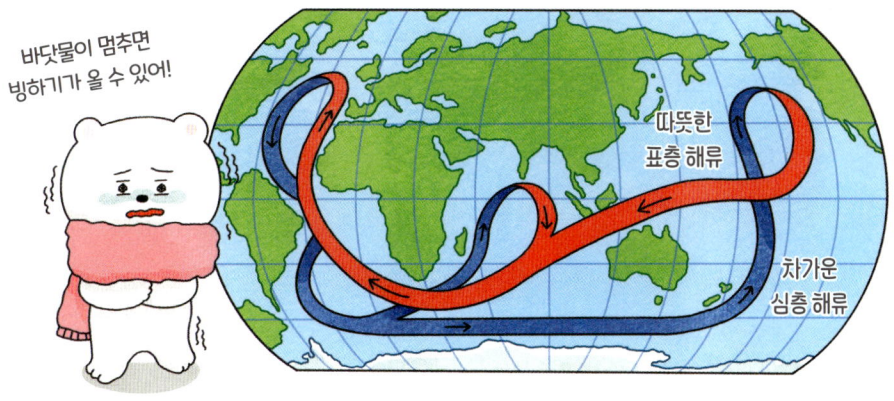

극지방 생태계가 위험해

지구 온난화로 극지방 얼음이 점점 녹아내린다고 했지요? 이러한 변화는 극지방 생태계에도 엄청난 영향을 미쳐요.

살 곳 잃은 동물들

새끼를 낳아 젖을 먹여 키우는 동물을 포유류라고 해요. 대부분은 육지에 살지만 바다에 사는 포유류도 있어요. 지구 온난화로 극지방 얼음이 줄어들면 북극곰, 물범, 바다코끼리 등 해양 포유류는 살기가 힘들어져요. 이들은 얼음 위에서 새끼를 기르고, 먹고, 잠도 자야 하거든요. 얼음이 녹아 살 곳이 점점 줄어 물에 빠져 죽는 경우도 생기고 있어요.

얼음 위 북극곰 가족

멸종 위기 맞은 동물들

북극곰은 북극해의 얼음을 건너다니며 물범 따위를 잡아먹고 살아요. 북극곰은 물속에서는 물범을 따라잡을 수 없어요. 그러니 얼음이 줄면 먹이를 사냥하기가 더 힘들어질 수밖에요. 북극곰은 지구 온난화로 멸종 위기에 놓인 동물 가운데 하나랍니다.

남극에 사는 펭귄과 물범도 지구 온난화 때문에 위기를 맞았어요.

날이 따뜻해져 눈 대신 비가 내리는 탓에 어린 펭귄과 물범은 추위에 떨지요. 다 자란 어른은 기름기가 흐르는 촘촘한 털로 덮여 있지만, 새끼는 방수 기능이 약한 솜털로 덮여 있기 때문이에요. 안타깝게도 털이 젖으면 체온이 급격히 떨어져 죽음에 이르기도 해요.

크릴이 줄어들면

남극의 거의 모든 동물은 크릴을 주된 먹이로 삼아요. 크릴은 차가운 바다 환경을 좋아해요. 그런데 지구 온난화로 바닷물 온도가 올라가면 어떻게 될까요? 크릴 양이 줄어 크릴을 먹이로 하는 남극 동물도 살기가 힘들어질 거예요.

얼음 밑에서 먹이 활동을 하는 크릴

극지방에서 찾은 실마리

눈과 얼음으로 뒤덮인 극지방은 지구 온난화 영향을 가장 뚜렷하게 볼 수 있는 곳이에요. 그래서 과학자들은 극지방에서 기후 변화와 지구 온난화를 연구하고 있어요.

비밀을 품은 얼음 조각

탐스러운 눈송이는 작은 솜사탕처럼 보여요. 눈송이 속에 공기가 들어 있거든요. 극지방의 빙하는 눈이 쌓이고 쌓여서 만들어진다고 했지요? 수십만 년 동안 내린 눈이 차곡차곡 다져져 만들어졌으니, 그 속에는 눈 내릴 때 공기도 함께 들어 있어요.

공기 방울은 소중한 연구 자료가 돼요. 과학자들은 빙하에 기계로 구멍을 뚫어 원기둥 모양 얼음을 캐내요. 이 얼음 조각을 빙하 코어라고 해요. 빙하 코어 속 공기를 분석하면 먼 옛날부터 지금까지 지구 대기가 어떻게 변해 왔는지 밝힐 수 있답니다. 그뿐이 아니에요. 층층이 쌓인 얼음을 통해 그 당시 환경도 알아볼 수 있지요.

빙하는 지구 역사를 고스란히 담은 타임캡슐 같아요. 이로써 과학자들은 지구 온난화 영향과 미래 기후를 조금

더 자세히 그려 볼 수 있을 것이라고 기대해요.

빙하 코어 연구로 알 수 있는 것은?

· 살짝 녹았던 눈이 다시 얼면 빙하에 층이 생겨 줄무늬가 나타나요. 이로써 빙하가 만들어진 시기와 계절 변화를 알 수 있어요.

· 빙하 속 공기 방울을 분석하면 눈이 내렸을 당시의 대기 성분을 알 수 있어요.

· 빙하 속에 들어 있는 화산재나 꽃가루로 그 당시 환경을 알아볼 수 있어요.

· 빙하 속에서 대기와 부딪혀 타 버린 운석 먼지도 발견돼요. 운석은 우주로부터 온 물질로, 우주 연구에 중요한 자료로 쓰여요.

지구 온난화 야외 실험실

지구 온난화로 북극이 따뜻해지면서 환경이 바뀌고 있어요. 이는 북극에서 자라는 식물에도 영향을 미칠 거예요.

과학자들은 그 영향을 알아내기 위해 북극에 야외 실험실을 만들어요. 투명한 플라스틱으로 만든 작은 온실을 떠올리면 돼요. 온실은 태양 빛은 받아들이고 열은 내보내지 않는데, 이런 효과로 온실 안의 온도는 바깥보다 섭씨 2도에서 3도가량 높지요. 온실 안과 바깥의 식물을 비교하면 지금보다 기온이 올랐을 때 북극의 식물이 어떻게 변할지 답을 구할 수 있을 거예요.

북극 야외 실험실

극지방에 닥친 위기

극지방의 오존 구멍
- 오존층: 땅에서 약 25킬로미터 떨어진 하늘에 오존이 많이 모여 있는 층. 태양으로부터 오는 해로운 자외선을 막아 주는 보호막 역할을 함.
- 프레온 가스가 하늘 위로 올라가 오존을 파괴하면서 극지방의 오존층이 다른 지역에 비해 얇아졌음. 이것을 흔히 오존 구멍이라고 함.
- 1987년, 세계 여러 나라는 오존 파괴 물질 사용을 줄이기로 약속했음.

지구 온난화가 극지방에 미치는 영향
- 인간 활동으로 지구 대기 중에 이산화 탄소, 메테인 같은 온실가스가 늘어나면서 기온이 점점 높아지고 있음. 지구 온난화 영향을 가장 크게 받는 곳이 극지방임.
- 지구 온난화로 극지방 얼음이 녹으면 바닷물 높이가 올라가 낮은 땅이 잠길 것임.
- 북극의 영구 동토층이 녹으면 땅이 내려앉아 여러 시설이 무너질 것임. 땅속에 묻혀 있던 온실가스가 쏟아져 나와 지구 온난화가 심해질 수 있음. 오래전 활동을 멈춘 세균과 바이러스가 다시 세상에 나올 수 있어서 위험함.

- 바닷물은 지역과 지역 사이에 열을 옮기며 기온을 조절하는 역할을 함. 지구 온난화로 해빙이 녹으면 이 역할이 제대로 이루어지지 않아 북반구에 빙하기가 올 수 있음.

지구 온난화와 극지방 생태계
- 지구 온난화로 극지방 동물은 서식지와 먹이가 줄어들어 어려움을 겪고 있음. 특히 북극곰은 멸종 위기에 놓임.
- 지구 온난화로 남극에 눈 대신 비가 내림. 어린 펭귄과 물범의 털은 방수 기능이 없어 비를 맞으면 체온이 떨어져 죽을 수 있음.
- 지구 온난화로 남극해가 따뜻해지면 크릴 수가 줄어들 수 있음. 그러면 크릴을 먹이로 하는 남극 동물은 살아가기가 힘들어질 것임.

지구 온난화 해결 실마리
- 눈이 쌓이고 쌓여 만들어진 극지방 얼음 속에는 수십만 년 동안의 정보가 층층이 담겨 있음. 이를 바탕으로 지구 온난화 영향과 미래 기후 예측 연구가 이루어짐.
- 지구 온난화가 북극 식물에 미칠 영향을 알아보기 위한 야외 실험도 진행되고 있음.

한 걸음 더!

 남극은 어떻게 생겨났을까?

남극 대륙이 처음부터 얼음으로 덮여 있었던 것은 아니에요. 원래 다른 대륙과 붙어 있어서 지금보다 훨씬 따뜻했다고 하지요.

하나의 땅덩어리에서 갈라져

지금으로부터 3억 년 전쯤 세계는 하나의 땅덩어리로 뭉쳐져 있었어요. 이 거대한 대륙을 판게아라고 해요. 시간이 흐르며 판게아는 북반구의 로라시아 대륙과 남반구의 곤드와나 대륙으로 갈라졌어요. 곤드와나 대륙은 다시 남아메리카, 아프리카, 인도, 오스트레일리아, 남극 대륙 등으로 나뉘어 떨어졌고요. 이후 지구 남쪽 끝에 자리 잡은 남극 대륙에 눈이 쌓인 채 다져지면서 지금과 같은 환경이 만들어지게 됐다고 해요.

판게아에서 현재까지, 대륙의 변화

남극에서 발견된 화석

1851년, 영국의 생물학자 조지프 후커는 남극의 식물이 과거 하나로 연결된 거대한 대륙으로부터 왔다고 주장했어요. 하지만 당시 그 주장은 주목받지 못했다가, 1969년에 남극 산맥에서 리스트로사우루스 화석이 발견되며 힘을 받게 됐어요. 화석은 옛날에 살았던 동식물의 몸체나 흔적이 땅속에 묻혀 돌처럼 굳은 것으로, 지구 역사와 환경을 연구하는 중요한 자료가 돼요. 리스트로사우루스는 약 2억 5,000만 년 전 살았던 파충류로, 남극에서 발견된 화석의 크기는 송아지만 했어요. 학자들이 주목한 점은 리스트로사우루스 화석이 아프리카와 인도에서도 발견된다는 사실이에요. 다시 말해 과거 아프리카, 인도, 남극 대륙이 하나로 연결되어 있었다는 뜻이지요. 리스트로사우루스가 깊은 바다를 헤엄쳐 남극 대륙까지 건너갈 수는 없었을 테니까요. 이것 말고도 남극 대륙 곳곳에서 나무 화석이 발견됐어요. 이전에 남극에 숲이 존재했다는 증거이지요. 이런 화석들은 과거 남극 대륙이 다른 대륙과 붙어 하나의 거대한 땅덩어리를 이루고 있었다는 사실을 더욱 분명하게 밝혀 주었어요. 과거 후커의 주장이 여러 화석으로 증명된 셈이지요.

리스트로사우루스 화석(왼쪽)과 3D 그림(오른쪽)

3화
남극을 향해

역사 극지방 탐험 역사

- 북극에도 사람이 살아
- 북극해를 지나는 지름길
- 남극을 찾아서
- 멈추지 않는 도전

한눈에 쏙 극지방 탐험 역사
한 걸음 더 아문센과 스콧의 경쟁

 ## 북극에도 사람이 살아

북극의 극한 환경 속에서 살아가는 사람들이 있어요. 이들은 어떻게 살아갈까요?

북극에 사는 원주민

먼 옛날 인류는 떠돌아다니며 자연의 식물을 모으고 동물을 사냥하며 살았어요. 그러던 일부가 북극에 이르렀고, 북극의 극한 환경에 차차 적응해 갔지요.

오늘날 북극에 사는 인구는 400만 명에 이르는데, 그중 약 50만 명이 원주민이에요. 대표적 원주민으로 이누이트족, 사미족, 네네츠족이 있어요.

이누이트족은 캐나다 북부와 덴마크령 그린란드에 주로 살아요. 과거에는 얼음집인 이글루에 살며 개 썰매를 타고 사냥을 했지요. 러시아 시베리아에는 네네츠족이, 노르웨이·스웨덴·핀란드 등에는 사미

족이 살아요. 네네츠족과 사미족은 순록을 가축으로 길들여 생활해 왔어요. 순록은 원주민에게 없어서 안 되는 동물이에요. 이동 수단이 되어 주는 한편, 고기와 가죽도 내주니까요.

저마다 이름이 있어

전에는 북극 원주민을 묶어서 에스키모라고 부르고는 했어요. 앞에서 살펴봤듯이 북극 원주민은 저마다 사는 지역과 방식이 달라요. 따라서 이를 구별하지 않고 에스키모라고 묶어 부르는 것은 바람직하지 않아요. 각각의 전통과 문화를 존중하지 않는 것으로 보이거든요. 원주민도 각자의 이름으로 불려지기를 바라지요.

달라진 생활 모습

지구 온난화가 원주민의 삶에도 영향을 미치고 있어요. 눈과 얼음이 녹아 썰매로 이동하지 못하고, 사냥감을 찾는 일도 어려워졌지요.

한편 현대 문명이 원주민 삶에 끼어들면서 문제를 낳기도 했어요. 전통 음식에서 벗어나 가공식품을 흔히 접하면서 건강이 나빠졌고요. 인터넷을 통해 다른 지역과 자신들의 삶을 비교하면서 우울증에 빠지는 경우도 늘었지요.

이에 북극의 각 나라는 원주민을 지키기 위해 보호 구역을 정하고, 자치* 권리를 인정하는 등 노력을 기울이고 있어요.

★ **자치** 자기 일을 스스로 다스림.

북극해를 지나는 지름길

북극 항로는 북극해를 가로지르는 뱃길이에요. 그동안 얼음으로 막혔던 뱃길이 조금씩 열리고 있다고 하는데, 어떻게 된 일일까요?

북극해를 가로질러

옛날부터 아시아와 유럽은 육지뿐 아니라 바다를 통해 무역을 해 왔어요. 그런데 1400년대 들어 오스만 제국이 지중해를 차지해 뱃길이 가로막히자, 유럽에서 아시아로 가려면 아프리카 대륙을 빙 돌아야 했지요. 만약 북극해를 가로지르면 훨씬 빠르지 않을까요? 이런 생각에서 수많은 탐험가가 새로운 뱃길을 열기 위해 도전했어요.

54 북극과 남극

마침내 스웨덴의 탐험가 닐스 아돌프 에리크 노르덴셸드가 1878년 유럽에서 출발해 러시아 시베리아를 지나 이듬해 아시아에 이르는 데 성공했어요. 1906년에는 노르웨이의 탐험가 로알 아문센이 유럽에서 북아메리카 대륙 위쪽을 따라 태평양에 도착했고요. 두 항로 모두 위험이 많고 경제성이 떨어져 널리 쓰이지는 않았지만요.

다시 뜨는 북극 항로

현재 아시아와 유럽 간 가장 많이 이용되는 뱃길은 이집트 수에즈 운하를 거치는 항로예요. 수에즈 운하가 막히면 세계 무역이 마비될 정도인데, 최근 주변 지역에 전쟁이 잦아 불안이 커지고 있답니다.

그러면서 북극 항로가 다시 관심을 받기 시작했어요. 지구 온난화가 심각한 문제이기는 하지만, 한편으로 북극해 얼음이 줄어들어 북극 항로 가능성이 새롭게 열렸거든요.

북극 항로가 현실이 되면 우리나라 부산항에서 유럽 주요 항구인 네덜란드 로테르담항까지 거리가 전보다 줄어 연료와 비용을 아낄 수 있어요. 그뿐 아니라 이동 시간도 10일 가까이 줄일 수 있다고 해요.

출처: 해양수산부

 남극을 찾아서

쉽게 닿을 수 없는 남극은 오랜 세월 동안 가려진 땅이었어요. 용감한 탐험가들은 끝없이 남쪽으로 향했고 마침내 남극을 발견했지요.

남극을 향한 첫걸음

1700년대 유럽 사람들은 지구 반대쪽에 아직 알려지지 않은 큰 대륙이 있을 것으로 생각했어요. 1768년에 영국의 해군 제임스 쿡이 이끄는 배가 남반구로 향했는데, 이 과정에서 쿡 선장은 뉴질랜드·오스트레일리아 등을 돌아보고 유럽에 처음 소개했답니다.

이후에도 쿡 선장은 수수께끼 대륙을 찾아 남쪽으로 향했어요. 1773년, 남위 66도를 통과했지만 얼음에 막혀 더 이상 나아갈 수 없었지요. 결국 얼음덩어리만 보았을 뿐 남극 대륙을 발견하지는 못한 거예요.

새로운 발견

1819년, 영국의 윌리엄 스미스 선장은 남위 62도 부근에서 섬 무리를 발견했어요. 이 섬들에 사우스셰틀랜드 제도라는 이름을 붙였고요. 더욱 중요한 발견은 1820년 러시아의 해군 파비안 고틀리프 폰 벨링스하우젠에 의해 이루어졌어요. 인류 역사상 처음으로 남극 대륙을 눈으로 직접 확인한 것이지요.

남극점에 도착한 사람들

남극 탐험 역사에서 가장 유명한 사건은 바로 노르웨이의 로알 아문센과 영국의 로버트 스콧이 벌였던 치열한 경쟁이 아닐까요?

원래 아문센은 북극점을 목표로 탐험을 준비했어요. 그러던 중 미국의 탐험가 로버트 피어리가 이미 북극점에 도착했다는 소식을 듣고 목표를 남극점으로 바꾸었지요. 1911년 12월 14일, 아문센이 이끄는 탐험대는 세계 최초로 남극점에 도착하는 데 성공했어요.

뒤이어 스콧의 탐험대가 남극점에 도착했지만 아문센보다 한 달 이상 늦은 1912년 1월 18일이었어요. 아문센이 꽂아 둔 노르웨이 국기를 보고 실망에 빠져 돌아가던 스콧의 탐험대는 식량과 연료까지 떨어져 목숨을 잃고 말았지요. 그러나 스콧은 마지막 순간까지 일기를 남겼고, 그 기록은 남극 연구에 크게 도움이 됐어요.

남극점을 탐험한 아문센(왼쪽)과 스콧(오른쪽)

멈추지 않는 도전

지구 끝을 향한 인류의 도전은 단순한 사건이 아니에요. 새로운 세계를 탐험하며 얻은 경험과 지식은 미래를 밝히는 보물이 되니까요. 인류는 지금도 극지방 탐험과 연구를 계속하고 있어요.

계속되는 탐험과 연구

영국의 탐험가 라눌프 핀즈는 지구를 세로로 가로지르는 탐험에 최초로 성공했어요. 1979년 영국에서 출발해 남극점과 북극점을 모두 지나 돌아오기까지 3년 이상 걸렸고, 이동 거리만 해도 5만 킬로미터가 훌쩍 넘지요.

한편 우리나라는 1988년에 남극 세종과학기지를, 2002년에 북극 다산과학기지를, 2014년에 남극 장보고과학기지를 세워 극지방 연구에 힘쓰고 있어요.

얼음 바다를 가르는 쇄빙선

과거 극지방 탐험을 가장 어렵게 만든 것은 얼음 바다였어요. 배가 얼음에 갇히면 뱃길이 열릴 때까지 기다릴 수밖에 없거든요. 이 문제를 해결하려고 등장한 것이 쇄빙선이에요. 쇄빙선은 얼음에 올라타거나 얼음을 흔들어 깨서 뱃길을 내지요.

쇄빙선은 얼음 바다를 가르고 나아갈 수 있을 뿐 아니라, 얼음 바다

쇄빙선의 원리

① 뱃머리를 들어 얼음판에 올라탄 다음 무게로 눌러 깬다.

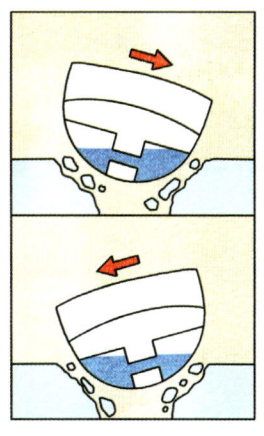
② 배 전체를 좌우로 흔들어 양옆에 얼음을 깬다.

에 갇힌 배를 구할 수도 있어요. 실제로 2011년에 아라온호는 남극해에서 러시아 어선 스파르타호를 무사히 구조했지요.

아라온호는 우리나라 최초의 쇄빙 연구선으로, 북극과 남극을 오가며 극지방 연구를 도와요. 전체 길이가 111미터, 폭 19미터에 이르고, 승무원과 연구원을 합쳐 모두 85명이 탈 수 있지요. 그뿐이 아니에요. 아라온호는 시속 약 5.5킬로미터로 1미터 두께 얼음을 깨며 나아갈 수 있어요. 현재 우리나라는 아라온호를 뛰어넘는 쇄빙 연구선을 만드는 중인데, 2029년이면 쇄빙 연구선 두 척을 가진 나라가 된답니다.

쇄빙 연구선 아라온호

한눈에 쏙!

극지방 탐험 역사

북극 원주민

- 오늘날 북극에 사는 인구는 400만 명에 이르며, 그중 약 50만 명이 원주민임.
- 이누이트족은 과거 얼음집인 이글루에 살며 개 썰매를 타고 사냥했음.
- 네네츠족과 사미족은 순록을 가축으로 길들여 생활에 이용했음.
- 지구 온난화와 현대 문명은 원주민 삶에 부정적 영향을 미치고 있음. ➡ 북극의 각 나라는 원주민을 지키기 위해 보호 구역을 정하고, 자치 권리를 인정하는 등 노력을 기울임.

북극 항로

- 북극해를 가로지르는 북극 항로는 아시아와 유럽을 연결하는 가장 짧은 뱃길임.
- 그동안 북극 항로는 위험이 많고 경제성이 떨어져 널리 쓰이지 않았음. ➡ 전쟁 등 이유로 수에즈 운하가 제 기능을 못할 가능성이 있음. 또한 지구 온난화로 북극해 얼음이 녹으면서 북극 항로가 주목을 받음. ➡ 북극 항로가 개발되면 이동 거리가 짧아져 시간과 비용을 줄일 것으로 기대함.

남극 탐험 역사

- 1700년대 유럽 사람들은 지구 반대쪽에 알려지지 않은 큰 대륙이 있을 것으로 생각해 남반구를 탐험했음.
- 1773년, 영국의 제임스 쿡이 남위 66도까지 나아갔음. ➡ 1819년, 영국의 윌리엄 스미스가 남위 62도 부근에서 사우스셰틀랜드 제도를 발견함. ➡ 1820년, 러시아의 파비안 고틀리프 폰 벨링스하우젠이 남극 대륙을 처음으로 목격함.
- 1911년, 노르웨이의 로알 아문센은 경쟁자 영국의 로버트 스콧을 제치고 인류 최초로 남극점에 닿았음.

극지방 탐험과 연구

- 극지방 탐험과 연구는 지금도 이어지고 있음.
- 극지방을 연구하려면 얼음을 깨뜨리고 뱃길을 내는 쇄빙선이 필요함. 아라온호는 쇄빙뿐 아니라 연구 기능도 갖춘 우리나라 최초의 쇄빙 연구선임. 우리나라는 2029년까지 아라온호를 뛰어넘는 차세대 쇄빙 연구선을 완성할 계획임.

아문센과 스콧의 경쟁

아문센과 스콧의 경쟁은 역사에 두고두고 오르내려요. 아문센은 어떻게 함께 경쟁을 펼쳤던 스콧보다 남극점에 먼저 도착할 수 있었을까요?

아문센과 스콧, 이것이 달랐다!

아문센은 고향인 노르웨이에서 북극 원주민과 생활하며 생존 기술을 익혔어요. 그래서 남극점으로 향할 때 원주민처럼 털가죽 옷을 입고, 개가 끄는 썰매를 이용했지요.

한편 스콧은 영국 국민의 응원을 받으며 남극으로 출발했어요. 스콧은 영국 공장에서 만든 모직 옷을 입고, 조랑말이 끄는 썰매와 설상차를 이용했지요. 설상차는 모터 달린 썰매로, 그 당시 획기적 발명품이었어요.

그런데 안타깝게도 모직 옷은 공기가 잘 통하지 않아 땀이 차기 쉬워요. 땀에 젖은 옷이 얼어붙자 탐험가들은 추위를 더 심하게 느끼고 말았어요. 게다가 설상차가 고장 나는 바람에 짐을 조랑말 썰매에 옮겨 실어야 했지요. 개는 사람과 같은 음식을 먹지만, 조랑말을 먹이기 위해서는 마른풀까지 싣고 가야만 했어요. 그뿐만 아니에요. 조랑말이 발을 헛디뎌 크레바스에 빠지기라도 하면 너무 무거워서 끌어 올릴 수 없었고요. 결국 얼마 안 가 조랑말이 모두 죽어 버렸고, 스콧의 탐험대는 무거운 썰매를 직접 끌고 남극점으로 향해야 했어요.

실패 아닌 성공

스콧은 실패한 탐험가가 아니에요. 스콧은 탐험의 목적이 남극을 연구하는 데 있다고 생각했거든요. 마지막 순간까지 버리지 않고 썰매에 싣고 다녔던 화석들이 그 정신을 잘 보여 주지요.

1956년, 사람들은 남극점에 기지를 세웠어요. 그리고 두 영웅을 기억하기 위해 여기에 아문센-스콧기지라는 이름을 붙였답니다.

북극의 환경과 생태계

눈과 얼음으로 뒤덮인 북극에서는 식물이 살기 어려울 것 같지요? 그런데 여름이면 작은 식물들이 땅을 뚫고 나와 꽃을 활짝 피우기까지 해요. 이 식물들은 북극 생태계에서 중요한 역할을 한답니다.

따뜻한 바닷물 덕분이야!

태양 에너지는 생명이 살아가고 지구 환경이 유지되는 데 꼭 필요해요. 태양 에너지를 많이 저장하는 곳이 바다이고요. 저장된 태양 에너지는 바닷물의 흐름인 해류에 따라 지구 곳곳으로 옮겨지는데, 이렇게 해류는 지구 기후를 조절하며 생태계에 영향을 미쳐요.

북극에서 식물이 자랄 수 있는 것은 북대서양 해류 덕분이에요. 이 해류는 북대서양 중위도 지역의 따뜻한 바닷물을 북쪽으로 옮겨 나르는 역할을 해요. 그래서 북대서양과 닿아 있는 북유럽과 북극해는 비슷한 위도의 남극 지역에 비해 기온이 높은 편이지요.

북극에 피는 꽃

북극에서는 여름에 잠깐 식물이 자랄 수 있어요. 여름이라고 해도 기온이 낮고 강수량이 적어서 식물이 크게 자라지는 못해요. 해마다 꽃을 피우는 것도 아니에요. 몇 해의 시간을 보내며 모은 힘을 쏟아 꽃을 피우고 씨를 퍼뜨리지요.

조사에 따르면 북극 툰드라 지역에는 1,500가지 넘는 식물이 살고 있다고 해요. 씨앗에 보드라운 솜털이 달린 북극황새풀, 노란 꽃잎에 주황색 점이 있는 노랑습지범의귀 등은 북극 다산과학기지 주변에서 볼 수 있는 식물이에요. 이 식물들은 짧은 북극의 여름에 생명의 활력을 불어넣어 줘요.

북극황새풀(왼쪽)과 노랑습지범의귀(오른쪽)

식물에서 동물로 이어지는 생태계

생물끼리 서로 먹고 먹히는 관계가 사슬처럼 이어지는 것을 먹이사슬이라고 해요. 초식 동물이 식물을 먹고, 육식 동물이 초식 동물을 먹고, 사람이 동식물을 먹으며 살아가지요. 식물로부터 시작된 육지 생태계 덕분에 북극 원주민이 목축과 사냥을 하며 터를 잡고 살 수 있답니다.

툰드라의 풀과 이끼를 뜯어 먹는 순록

북극에 사는 동물은?

북극에도 동물이 살고 있어요. 추운 북극에서 과연 어떻게 살아가는지 궁금하지요?

북극 하면 떠오르는 북극곰

북극곰은 추위를 막기 위해 빽빽한 털과 두꺼운 지방층을 가지고 있어요. 모든 곰 중에서 몸집이 가장 크며, 커다란 발에는 날카로운 발톱도 달렸지요. 북극곰이 가장 좋아하는 먹이는 물범이에요. 해빙 위에서 물범이 숨을 쉬려고 고개를 내밀 때 앞발로 내리쳐 사냥해요. 그런데 해빙이 줄면서 사냥에 어려움을 겪게 됐지요. 먹이를 찾아 마을로 내려오는 일도 있어 북극곰과 사람 모두의 안전이 위험해요.

북극해에 살아요

북극해에는 물범과 바다코끼리가 살아요. 북극곰처럼 피부 아래 두꺼운 지방층이 있어서 차가운 바닷물을 견딜 수 있지요. 이들은 능숙하게 헤엄쳐 물고기, 새우 등을 잡아먹어요. 특히 바다코끼리는 엄니

로 바닥을 긁으며 조개 따위를 캐 먹지요. 엄니는 크고 날카롭게 발달한 동물의 이빨이에요.

북극해에서 가장 신기하게 생긴 동물은 외뿔고래가 아닐까요? 뿔처럼 보이는 엄니로 먹이를 사냥하고, 상대와 싸우거나, 얼음을 깨지요. 엄니는 바닷물 온도와 깊이를 확인하는 센서 역할도 해요.

툰드라에 살아요

툰드라에 여름이 오면 풀과 이끼를 뜯는 순록을 볼 수 있어요. 순록은 북극 야생 동물 가운데 유일하게 가축으로 길들여진 동물이에요.

북극토끼와 북극여우도 있어요. 털이 여름에는 회색을 띠다가, 겨울이 되면 눈과 같은 흰색으로 바뀌어 몸을 숨기는 보호색 역할을 해요. 발바닥에도 털이 수북해 차가운 눈 위에서도 견딜 수 있고요. 북극토끼는 따뜻한 지역의 토끼에 비해 귀가 짧고 작은 편이에요. 몸에서 열이 덜 빠져나가게 하기 위해서지요. 이는 북극여우나 북극곰도 마찬가지예요.

북극토끼(왼쪽)와 북극여우(오른쪽)

남극의 환경과 생태계

남극은 북극보다 추워요. 꽃을 피우는 식물도 딱 두 종류밖에 없지요. 그렇다면 남극의 동물은 무엇을 먹고 살까요?

남극에도 식물이 살까?

지구상에는 약 25만 종의 꽃 피는 식물이 있지만, 남극에는 단 두 종의 꽃식물만 자라요. 바로 남극좀새풀과 남극개미자리지요. 과학자들은 이 두 식물이 춥고 건조한 남극 환경에서도 어떻게 꽃을 피우며 살아가는지 그 비밀을 찾고 있어요. 또한 남극에는 꽃식물 외에도 이끼식물인 선태류와 지의류가 존재해요. 선태류는 땅 위에 붙어 사는 작은 식물이며, 지의류는 광합성을 하는 조류와 균류가 함께 살아가는 독특한 생명체예요. 지의류는 편의상 '식물군'으로 분류되기도 하지만, 엄밀히 말하면 식물은 아니랍니다.

남극좀새풀

남극 동물의 먹이

크릴은 흔히 크릴새우라고도 불려요. 새우처럼 생겨서 부르는 이름이지 생물학적으로는 새우와 달라요. 크릴은 물속을 떠다니는 작은 생물인 플랑크톤의 하나예요. 플랑크톤은 크게 식물성과 동물성으로 나뉘어요. 동물 플랑크톤인 크릴은 주로 식물 플랑크톤이나 자신보다 작은 생물을 수염 같은 기관으로 걸러 먹지요.

크릴은 남극해에 특히 많아요. 남극대구와 남극빙어 같은 어류에서부터, 고래와 물범 같은 해양 포유류, 그리고 가마우지와 갈매기 같은 새에 이르기까지 남극에 사는 거의 모든 동물이 크릴을 먹고 살아가요. 이처럼 다양한 동물이 같은 종류의 먹이에 기대어 사는 일은 다른 곳에서는 거의 볼 수 없어요.

남극을 먹여 살리는 크릴

남극에 사는 동물은?

지구에서 가장 추운 남극에도 여러 동물이 살고 있어요. 이번에는 남극의 동물이 어떻게 살아가는지 알아봐요.

남극 하면 떠오르는 펭귄

남극 하면 떠오르는 동물은 바로 펭귄이에요. 지금까지 알려진 펭귄은 18종이며, 남극에는 아델리펭귄·황제펭귄·임금펭귄·젠투펭귄·턱끈펭퀸·마카로니펭귄 등이 살아요.

먼 옛날 펭귄의 조상은 다른 새처럼 날 수 있었어요. 그런데 얼어붙은 땅에서 먹이를 구하기가 힘들어 바다로 향했고, 그러면서 날개가 점점 납작하고 단단하게 변했지요. 대개의 새는 잘 날기 위해서 뼈가 가벼운 반면, 펭귄은 뼈가 무거워 깊은 바닷속까지 잠수를 잘하게 되었어요. 빽빽한 깃털에는 기름기가 흐르고, 피부 아래에 두툼한 지방층까지 있어 차가운 바다에서도 너끈히 버티고요. 펭귄은 주로 바다에서 지내다가 새끼를 낳을 때와 털갈이 시기에 땅 위에 둥지를 마련한답니다.

펭귄의 특징
- 기름기가 흐르는 빽빽한 깃털
- 추위를 견디는 두툼한 지방층
- 속이 꽉 차 무거운 뼈

바다와 육지를 오가요

남극에는 물범과 물개도 살고 있어요. 이들은 물속을 자유롭게 헤엄치며 날카로운 이빨로 먹이를 사냥해요. 많은 시간을 바다에서 보내다가, 쉬거나 잠을 잘 때 땅이나 얼음 위로 올라와요.

쉬고 있는 물개

남극 바닷가에는 물개가 많아요. 물개는 사나워서 반드시 거리를 두어야 해요. 물범은 땅 위에서는 굼뜨지만, 물개는 지느러미처럼 생긴 앞발로 몸을 세워 네발을 이용해 재빨리 움직이거든요.

육지와 하늘을 오가요

스큐아는 펭귄 둥지를 맴돌며 알을 훔치거나 새끼를 잡아먹어요. 그래서 도둑갈매기라는 이름으로도 불려요. 남극에서 살아남기 위해 그들만의 생존법을 찾은 것이지요.

펭귄 주위를 맴도는 스큐아

큰풀마갈매기도 펭귄의 알과 새끼를 노려요. 날아오르는 모습이 꽤 흥미로운데, 비행기가 활주로를 달리듯 땅이나 바다 위를 달리며 속도를 붙인 뒤 날개를 퍼덕여 날아올라요.

극지방에 사는 생물

북극 환경과 생태계
- 따뜻한 바닷물을 북쪽으로 옮겨 나르는 북대서양 해류 영향으로 북극은 비슷한 위도의 남극 지역에 비해 기온이 높은 편임.
- 북극 툰드라 지역에는 다양한 식물이 자람. 식물이 바탕이 돼 초식 동물과 육식 동물이 살아감. 덕분에 원주민이 목축과 사냥을 하며 터를 잡는 일도 가능했음.

북극에 사는 동물
- 북극에 사는 동물로 북극곰, 물범, 바다코끼리, 외뿔고래, 순록, 북극토끼, 북극여우 등이 있음. ➡ 빽빽한 털, 두꺼운 지방층, 겨울철 흰 털 등 북극 환경에 적응한 각각의 특징을 보임.
- 순록은 북극에 사는 야생 동물 가운데 유일하게 가축으로 길들여진 동물임.

남극 환경과 생태계
- 남극에는 꽃을 피우는 식물이 두 종류뿐임. 과학자들은 이 식물들이 남극의 극한 환경에서 어떻게 생존하는지 연구하고 있음.

- 춥고 건조한 남극에서는 식물이 자라기가 어려움. 대신 동물 플라크톤인 크릴이 생태계에서 중요한 역할을 함. 남극에 사는 거의 모든 동물이 크릴을 먹고 살아감.

남극에 사는 동물
- 펭귄의 날개는 납작하고 단단함. 다른 새들과 달리 속이 꽉 찬 무거운 뼈를 가지고 있음. 물속에서 사냥하며 생활하기에 알맞은 모습으로 변화한 것임. 기름기가 흐르는 빽빽한 깃털, 두꺼운 지방층 등도 남극의 극한 환경에서 살아남는 데 유리한 특징임.
- 물범과 물개는 지느러미처럼 생긴 발이 달려 있어 헤엄을 잘 침. 날카로운 이빨로 먹이를 사냥함.
- 스큐아(도둑갈매기), 큰풀마갈매기는 펭귄의 알과 새끼를 사냥해서 살아감.

펭귄 이름에 얽힌 사연

남극에 사는 펭귄은 아델리펭귄, 황제펭귄, 임금펭귄, 젠투펭귄, 턱끈펭귄, 마카로니펭귄 등이 있어요. 이 이름은 어떻게 지어졌을까요?

사람 이름을 따서 지은 이름

1840년, 프랑스의 탐험가 쥘 뒤몽 뒤르빌은 남극의 한 바닷가에 도착했어요. 그 땅을 아내 이름을 붙여 아델리랜드라고 불렀는데, 아델리펭귄 이름이 여기에서 왔지요. 아델리펭귄은 눈 가장자리의 흰색 고리 무늬가 특징이에요. 남극 바닷가에 넓게 퍼져 살지요.

아델리펭귄

가장 큰 펭귄에게 붙인 이름

가장 큰 펭귄은 황제펭귄이에요. 그다음이 임금펭귄이고요. 남극 대륙 북쪽 섬에서 임금펭귄을 처음 발견한 사람들이 이런 이름을 붙였다고 해요. 그런데 남극 대륙 깊숙한 곳에서 임금펭귄보다 더 큰 펭귄을 만났어요. 그래서 임금보다 높다는 뜻에서 황제라는 이름을 붙인 거예요. 어른 임금펭귄과 황제펭귄은 꽤 닮았지만 새끼 때는 생김새가 달라요.

남극 대륙 근처 섬에서 사는 새끼 임금펭귄은 땅과 비슷한 갈색을 띠는 반면, 새끼 황제펭귄은 남극 대륙 눈과 어우러지는 회색을 띠어요.

임금펭귄(왼쪽)과 황제펭귄(오른쪽)

생김새 때문에 지은 이름

젠투펭귄은 다른 종교를 믿는 사람(이교도)을 뜻하는 포르투갈어 젠티우(gentio)에서 왔어요. 머리 위를 가로지르는 흰무늬가 시크교도가 머리에 두르는 천처럼 보여서요. 턱끈펭귄은 턱에 까만 줄무늬가 있어 이름이 붙었지요. 마카로니펭귄 이름은 1700년대 영국에서 화려한 머리 장식을 한 남자들을 마카로니라고 부른 데서 따왔어요. 머리 위에 화려한 노란색 깃털이 달려 있거든요.

(왼쪽부터) 젠투펭귄, 턱끈펭귄, 마카로니펭귄

우리나라의 극지방 연구

세계 여러 나라가 많은 가능성을 품은 극지방 연구에 힘써요. 우리나라는 쇄빙 연구선 아라온호를 가지고 있고요. 또 남극에 세종과학기지와 장보고과학기지를, 북극에 다산과학기지를 두었지요.

우리나라 남극 과학 기지

1988년, 우리나라는 남극 사우스셰틀랜드 제도의 킹조지섬에 세종과학기지를 세웠어요. 킹조지섬은 남위 62도쯤에 있으며, 남극 대륙에 비해서 기후가 온화한 편이에요. 연평균 기온은 섭씨 영하 1.8도 정도인데, 겨울철에는 섭씨 영하 25도까지 내려가기도 해요.

세종과학기지에서는 기후 변화, 대기, 오존층, 바다, 생물 자원 등 다양한 연구를 하고 있어요. 매년 약 18명으로 이루어진 월동 연구대가 1년 동안 살면서 맡은 임무를 해내지요. 또 남극의 여름인 12월부터 2월 사이에는 하계 연구대도 머무르며 연구에 힘써요.

세종과학기지(왼쪽)와 장보고과학기지(오른쪽)

세종과학기지는 남극 대륙 근처 섬에 위치하다 보니 남극을 본격적으로 연구하기에 어려운 부분이 있었어요. 그래서 2014년 남극 대륙에 장보고과학기지를 세웠지요. 남위 74도쯤에 자리한 장보고과학기지는 연평균 기온이 섭씨 영하 15도 정도이며, 겨울철 최저 기온은 약 섭씨 영하 38도까지 내려가 세종과학기지보다 훨씬 추워요. 이 기지에도 약 18명으로 이루어진 월동 연구대가 1년 동안 머무르는데, 세종과학기지에서 하기 어렵던 빙하·운석·우주 등과 관련된 연구를 진행하고 있어요.

우리나라 북극 과학 기지

2002년 문을 연 다산과학기지는 세계 열두 번째 북극 기지예요. 이로써 우리나라는 북극과 남극에 과학 기지를 모두 가진 여덟 번째 나라가 되었어요. 다산과학기지는 노르웨이령 스발바르 제도의 스피츠베르겐섬 니알슨과학기지촌에 있어요. 노르웨이가 영유권을 가지고 있어서 여러 나라가 기지촌의 건물을 빌려 쓰지요.

다산과학기지는 북위 78도쯤에 위치해요. 남극 기지보다 고위도에 있어도 따뜻한 해류 덕분에 기온이 더 높게 나타나요. 필요에 따라 연구원이 머물며 기후 변화, 해빙, 해류, 생물 자원 등을 연구하지요.

기지촌에 있는 다산과학기지

극지방 대원들의 생활

 남극 연구대는 과학자뿐 아니라 기계를 다루는 기술자, 식사와 건강을 책임지는 요리사, 생명을 지키는 의사 등으로 이루어져 있어요. 세상과 떨어진 남극에서 이들은 어떻게 생활할까요?

추위와의 싸움

 대원들이 겪는 가장 큰 어려움은 추위예요. 극지방에서는 체온이 낮아지는 저체온증이나 살갗이 얼어서 피부 조직이 상하는 동상에 걸리기 쉬워요. 따라서 야외 활동에 나설 때는 특별히 신경을 써야 하지요. 대원들은 특수 제작된 방한복으로 추위를 막고, 방수 기능이 있는 작업복을 덧입어요. 보안경과 장화도 빼놓을 수 없지요.

극지방 대원의 옷차림

남극에서 농사짓기

 남극에서는 육지에서 가져온 냉동식품, 통조림, 건조식품 위주로 식사를 만들어 먹어요. 그런데 신선한 채소를 충분히 먹지 못하면 비타민이 부족해 몸에 문제가 생기거든요. 특히 비타민 C가 모자랄 때는 괴혈병에 걸리기 쉽지요. 이 병에 걸리면 잇몸이 붓고 피가 나며

상처가 잘 낫지 않아요. 과거 뱃사람들은 괴혈병 때문에 고생을 많이 했어요. 배에서 오랜 시간을 보내다 보니 신선한 채소를 먹을 기회가 적었기 때문이에요.

그럼 신선한 채소를 구하기 힘든 남극에서는 어떻게 하냐고요? 걱정하지 않아도 돼요. 대원들이 사는 세종과학기지와 장보고과학기지에는 온실이 마련돼 신선한 채소를 길러 먹을 수 있어요. 그래도 부족한 비타민은 약으로 보충하기도 해요.

남극 기지의 온실

스트레스 푸는 법

1984년, 남극 아르헨티나 기지에서 우울증을 앓던 연구대 대장이 불을 질러 건물이 타 버린 일이 있어요. 가족과 떨어져 머나먼 남극에서 오래 지내다 보면 외롭고 쓸쓸해지기 쉽거든요.

우리나라 남극 과학 기지 안에는 당구장, 체력 단련실, 노래 연습실 등 다양한 시설이 딸려 있어요. 대원들은 일을 마친 뒤에 운동과 취미 등을 즐기며 스트레스를 풀지요.

극야가 계속되는 겨울이면 태양과 비슷한 빛을 내는 광 치료기를 이용해 빛을 쬐기도 해요. 햇빛을 충분히 받지 못해도 우울증이 나타날 수 있으니까요.

극지방에서 이루어지는 연구

왜 이렇게 극한 환경에서 연구를 해야 할까요? 극지방에서 어떤 연구가 이루어지는지 알아보며 그 이유를 생각해요.

대기와 얼음을 연구해요

극지방은 지구 온난화 영향이 가장 크게 나타나는 곳이에요. 그래서 극지방 대기를 연구해 온난화가 기후와 환경에 미치는 영향을 조사하고 있지요.

오랜 세월 층층이 쌓여 만들어진 극지방 얼음 속에는 과거 정보가 고스란히 남아 있어요. 과학자들은 지구 대기와 환경이 어떻게 변해 왔는지 조사해서 미래를 예측해요.

바다를 연구해요

지구 온난화는 북극해와 남극해 환경에 변화를 불러와요. 과학자들은 쇄빙 연구선 아라온호를 타고 북극해와 남극해를 오가며 다양한 연구를 하고 있어요. 해류가 어떻게 흐르는지, 환경 변화가 어느 정도인지, 바다 생태계에 무슨 영향을 미치는지 등을 조사하지요.

극지방 해양 연구

생명을 연구해요

차가운 극지방 바다에서 물고기가 어떻게 살아갈 수 있을까요? 과학자들은 물고기 몸속에 얼음 알갱이가 생기는 것을 막는 결빙 방지 단백질이 있다는 것을 알아냈어요. 이를 이용하면 냉동 인간이 현실이 될지 몰라요. 세포를 얼리거나 녹일 때 세포가 파괴되는 부작용을 줄일 수 있거든요. 이처럼 과학자들은 극지방 같은 특수한 환경에 적응해 살아가는 다양한 생물을 연구해 신기술과 신소재를 개발해요.

우주를 연구해요

우리나라는 2032년까지 남극 대륙 안쪽(내륙)에 새 기지를 건설할 목표를 세웠어요. 이 목표를 이루면 남극에 여섯 번째 내륙 기지가 만들어지는 거예요. 현재 남극에 내륙 기지는 미국, 러시아, 일본, 프랑스·이탈리아(공동), 중국이 세운 다섯 곳뿐이거든요.

2023년에는 탐사대가 장보고과학기지를 출발해 극한 날씨와 크레바스를 뚫고 내륙 후보지에 닿았어요. 총 2,215킬로미터에 이르는 이 길을 K-루트라고 부르지요. 이미 장보고과학기지가 있는데, 왜 이렇게까지 하냐고요? 장보고과학기지는 바닷가에 위치하다 보니 아무래도 내륙을 연구하는 데 한계가 따르거든요.

기지가 완성되면 우주와 비슷한 내륙의 혹독한 환경에서 우주 탐사를 준비할 계획이랍니다.

 미래를 위해!

극지방은 우리 미래를 위한 중요한 자원이에요. 전 세계는 극지방 보호와 개발을 위해 다양한 노력을 기울이고 있어요.

북극을 지켜라!

1996년, 북극 개발과 보호에 관한 여러 문제를 의논하기 위해 북극 이사회가 만들어졌어요. 북극에 걸쳐 있는 러시아·미국·캐나다·덴마크·아이슬란드·노르웨이·스웨덴·핀란드가 회원국이고, 그 밖에 다른 나라는 회의를 거쳐 한정된 지위를 얻지요. 이를 옵서버라고 하는데, 우리나라는 2013년에 옵서버 지위를 얻어 북극 진출의 발판을 마련했어요.

남극을 지켜라!

남극은 다른 대륙과 멀리 떨어져 있고 몹시 추워서 오랫동안 땅 주인이 없었어요. 1900년대에 들어서며 여러 나라가 서로 영유권을 차지하려고 다투게 되었답니다. 이에 1959년 12월 1일, 미국을 비롯한 열두 나라가 모여 남극 조약을 정했어요. 어떤 나라도 영유권을 가질 수 없으며, 남극을 평화롭게 이용해야 한다는 약속이지요.

우리나라는 1986년에 가입했으며, 2025년 기준으로 남극 조약에 함께하고 있는 나라는 모두 58개예요. 그런데 남극 조약에 따르면

2048년까지만 자원 개발이 금지돼, 그 이후 상황을 장담하기가 힘들어요.

미래를 찾아 극지방으로!

미래를 이끌 여러분이 극지방에 관심을 두는 것은 반가운 일이에요. 극지방에서 일하는 직업 하면 과학자부터 떠오를 텐데, 사실 극지방과 이어져 일할 기회는 과학자 말고도 많아요. 극지방 협력 관계를 이끄는 외교가, 극지방 조약을 만드는 국제법 전문가, 극지방 환경에 적합한 기지를 짓는 건축가, 극지방에서 몸을 보호하는 옷을 만드는 디자이너, 극지방 풍경을 글이나 사진으로 기록하는 작가 등 생각 이상으로 다양하지요. 여러분이 관심 있는 분야를 극지방과 연결해 넓혀 나가면 분명 꿈을 이룰 수 있을 거예요.

미래를 준비하는 과학 기지

우리나라의 극지방 사업
- 우리나라는 남극에 세종과학기지와 장보고과학기지를, 북극에 다산과학기지를 두었음. 또 쇄빙 연구선 아라온호도 있음.
- 세종과학기지와 장보고과학기지에는 각각 약 18명으로 이루어진 월동 연구대가 1년 동안 머물며 연구 활동을 벌임. 세종과학기지에서는 기후 변화·대기·오존층·바다·생물 자원 등을 연구하고, 장보고과학기지에서는 빙하·운석·우주 등과 관련된 연구를 하고 있음.
- 북극 다산과학기지에는 필요에 따라 연구원이 머물며 기후 변화, 해빙, 해류, 생물 자원 등을 연구함.

극지방 대원들의 생활
- 남극 과학 기지에는 과학자뿐 아니라 기술자, 요리사, 의사 등 다양한 분야의 대원들이 모여 생활하고 있음.
- 극지방에서는 저체온증, 동상 따위에 걸리기 쉬움. 극지방 대원들은 야외 활동을 할 때 복장을 잘 갖추어 추위를 막음.
- 남극에서는 육지에서 가져온 냉동식품, 통조림, 건조식품 위주로 식사를 만들어 먹음. ➡ 부족한 영양소를 채울 수 있도록 채소를 기르는 온실이 마련돼 있음.

극지방에서 이루어지는 연구

- 극지방 대기와 바다를 관찰해 온난화가 기후와 환경에 미치는 영향을 조사함.
- 극지방 얼음을 캐내 그 속에 담긴 다양한 정보를 연구하고 있음. 지구 역사와 환경 변화를 관찰하고, 미래를 예측함.
- 극지방 같은 특수한 환경에 적응해 살아가는 다양한 생물을 연구해 신기술과 신소재를 개발함.
- 남극 내륙에 새로운 기지를 건설해 우주 탐사를 준비할 계획임.

극지방의 미래

- 북극이사회와 남극 조약은 극지방 개발과 보호를 위한 기구임. 여기에 우리나라도 함께함.
- 극지방과 이어져 일할 기회는 과학자 말고도 다양함. 관심 분야를 극지방과 연결해 넓혀 나가면 꿈을 이룰 수 있을 것임.

극지방 기지를 찾아서

우리나라뿐 아니라 세계 많은 나라가 극지방에 기지를 두고 연구에 매달리고 있어요. 극지방에 어떤 기지가 있는지 살펴볼까요?

북극 니알슨과학기지촌

노르웨이령 스발바르 제도의 스피츠베르겐섬에는 니알슨 마을이 있어요. 1900년대 초 아문센의 북극 탐험 기지가 있었으며, 지금은 북극 연구를 위한 기지촌으로 쓰여요. 노르웨이와 우리나라 말고도 영국, 독일, 프랑스, 이탈리아, 중국, 일본 등 여러 나라 기지가 모여 있지요. 남극 기지와 달리 일정하게 살며 연구하는 상주 연구원은 없어요. 연구원들은 기지촌에서 운영하는 식당, 세탁실 등을 이용하고 비용을 내요. 이렇게 필요에 따라 한동안 머물며 연구하는 곳을 체류형 기지라고 해요.

남극점의 아문센-스콧기지

1956년 미국은 지리상 남극점 위에 아문센-스콧기지를 세웠어요. 그런데 빙하가 이동하며 기지가 남극점에서 조금씩 멀어지고 있지요. 과학자들은 매년 남극점 위치를 다시 측정해 표시를 세운답니다.

남극 보스토크기지

러시아의 보스토크기지는 남위 78도쯤, 높이 3,488미터 위에 자리해요. 연평균 기온이 섭씨 영하 55도에 이르며, 지구에서 관측한 최저 기온인 섭씨 영하 89.2도를 기록한 곳으로도 알려져 있어요.

남극 맥머도기지

1956년, 미국이 남극에 세운 기지예요. 현재 남극에서 가장 큰 기지로, 크고 작은 건물이 100개가 넘어서 하나의 마을을 떠올리게 해요.

워크북

1화 개념 - 북극과 남극

1 다음 문장을 읽고 맞으면 ○, 틀리면 ✕표시를 해 봐요.

- 지구 북쪽 끝에 북극점이, 남쪽 끝에 남극점이 있어요. (   )
- 북극 대부분은 육지이고, 남극 대부분은 바다예요. (   )
- 극지방은 기온이 매우 낮아서 눈과 얼음으로 뒤덮여 있어요. (   )

2 알맞은 설명을 찾아 선으로 이어 봐요.

① 해빙 •   • ㉠ 오랜 세월 눈이 쌓여서 만들어진 얼음덩어리

② 빙하 •   • ㉡ 바닷물이 얼어서 만들어진 얼음덩어리

③ 빙산 •   • ㉢ 따로 떨어져 물에 떠다니는 얼음덩어리

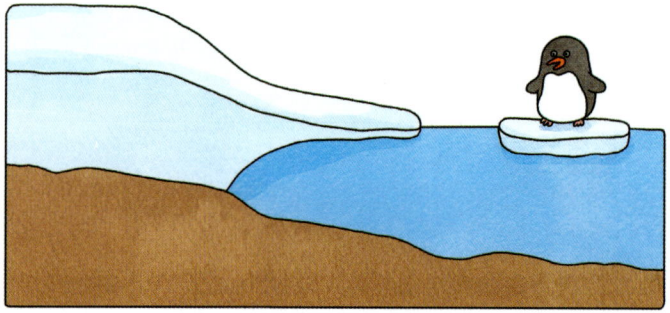

100

3 극지방의 자연 현상에 대해 누가 바르게 말하고 있는지 골라 봐요.

① 극야와 백야는 지구가 기울어진 채로 태양 둘레를 돌아서 생기는 현상이야.

② 극지방에서는 밤에도 태양이 지지 않는 극야가 나타나.

③ 극지방에서는 낮에도 태양이 뜨지 않는 백야가 나타나.

④ 오로라는 달의 활동으로 나타나는 현상이야.

4 설명과 초성을 보고 답을 완성해 봐요.

북극해 주변에 얼어붙어 있는 땅이에요. 여름이 찾아오면 땅 겉면이 살짝 녹아 이끼, 풀, 키 작은 나무 등이 자라지요.

2화 환경 - 극지방에 닥친 위기

1 다음 글을 읽고 괄호 안에 공통으로 들어갈 단어를 적어 봐요.

> 땅에서 약 25킬로미터 떨어진 하늘에 있는 (   )은 자외선을 막아 주는 보호막 역할을 해요. 오늘날, 환경 오염으로 (   )이 파괴돼 되돌리려는 노력을 하고 있지요.

_____

2 다음 문장을 읽고 맞으면 ○, 틀리면 ✕표시를 해 봐요.

- 지구 온난화로 극지방 얼음이 녹고 있어요. (   )
- 바닷물은 지역 사이에 열을 옮기며 기온을 조절하는 역할을 해요. (   )
- 영구 동토층이 녹으면 땅이 안정돼 생물이 살기 좋은 환경이 돼요. (   )

3 최근, 남극에 사는 새끼 펭귄이 저체온증으로 죽는 일이 늘었어요. 왜 이런 일이 생겼는지 이유를 적어 봐요. 서술형 문항 대비 ✓

----

4 다음 사진과 설명을 보고 생물 이름을 골라 봐요.

남극 동물의 주요 먹이예요.
최근 지구 온난화로 바닷물 온도가 올라가면서 수가 줄어들고 있어요.

① 가재   ② 새우   ③ 크릴   ④ 게

3화 역사 – 극지방 탐험 역사

1 다음 글이 무엇을 설명하는지 〈보기〉에서 골라 봐요.

> 캐나다 북부와 덴마크령 그린란드에 주로 살아요. 과거에는 얼음집인 이글루에 살며 개 썰매를 타고 사냥을 했지요.

보기

  사미족   네네츠족   이누이트족

_____

2 북극 항로에 대한 다음 문장을 읽고 맞으면 ○, 틀리면 ✕ 표시를 해 봐요.

- 북극해를 가로지르는 뱃길이에요. (   )
- 지구 온난화 때문에 북극 항로 가능성이 점점 닫히고 있어요. (   )
- 기존 항로에 비해 거리가 짧아 시간과 비용을 줄이는 장점이 있어요. (   )

3 노르웨이의 탐험가 아문센과 영국의 탐험가 스콧은 이곳에 최초로 닿기 위해 치열한 경쟁을 펼쳤어요. 이곳이 어디인지 적어 봐요.

4 극지방 연구에 쇄빙선이 필요한 이유를 적어 봐요. 서술형 문항 대비

4화 생물 - 극지방에 사는 생물

1 다음 글을 읽고 괄호 안에 들어갈 단어를 골라 봐요.

> 북극에서 식물이 자랄 수 있는 것은 (　　　) 해류 덕분이에요. 이 영향으로 비슷한 위도의 남극 지역에 비해 기온이 높게 나타나지요.

① 남극해　　② 북극해　　③ 북대서양　　④ 태평양

2 북극토끼와 북극여우는 겨울이면 털 색깔이 흰색으로 바뀌어요. 왜 그런지 이유를 적어 봐요. 서술형 문항 대비 ✓

3 다음 문장을 읽고 맞으면 ○, 틀리면 ×표시를 해 봐요.

- 북극보다 훨씬 추운 남극에는 식물이 전혀 살 수 없어요. (   )
- 크릴은 새우의 한 종류로, 물속을 떠다니며 사는 생물이에요. (   )
- 크릴은 남극 생태계에서 중요한 역할을 하고 있어요. (   )

4 펭귄에 대한 특징으로 <u>틀린</u> 것을 골라 봐요.

① 물속에서 먹이를 구하면서 날개 모양이 변했다.
② 다른 새보다 뼈가 가벼워 물속에서 쉽게 뜬다.
③ 빽빽한 깃털에는 기름기가 흐른다.
④ 피부 아래 두꺼운 지방층이 있다.

5화 미래학 – 미래를 준비하는 과학 기지

1 다음 문장을 읽고 맞으면 ○, 틀리면 ×표시를 해 봐요.

- 우리나라는 남극에 세종과학기지와 장보고과학기지를 두었다. (   )
- 우리나라는 남극에만 기지가 있고 북극에는 기지가 없다. (   )
- 우리나라는 쇄빙선 아라온호를 가지고 있다. (   )

2 극지방 대원들이 극심한 추위를 견디기 위해서는 어떠한 옷차림이 필요할까요? 서술형 문항 대비 ✔

---

3 다음 문장을 읽고 <u>틀린</u> 것을 골라 봐요.

① 극지방은 지구 온난화 영향을 덜 받는다.
② 극지방 얼음 속에는 과거의 환경 정보가 담겨 있다.
③ 우리나라는 남극 내륙에 새로운 기지를 건설할 계획이다.
④ 남극 내륙의 혹독한 환경은 우주 탐사를 준비하는 장소로 알맞다.

4 다음 글이 무엇을 설명하는지 적어 봐요.

> 남극을 보존하고 평화적으로 이용하기 위해 1959년 국제 사회가 정한 약속이에요. 우리나라는 1986년에 가입했어요.

_____

정답 및 해설

1화

1. O, X, O
└ 북극 대부분은 바다이고, 남극 대부분은 육지예요. (☞ 16~17쪽)

2. ①-ⓒ, ②-㉠, ③-ⓒ
└ 해빙은 바닷물이 얼어서 만들어진 것이고, 빙하는 오랜 세월 눈이 쌓여서 만들어진 것이에요. 빙산은 빙하에서 떨어져 나와 물에 떠다니는 얼음덩어리예요. (☞ 18~19쪽)

3. ①
└ 밤에도 태양이 지지 않는 현상은 백야이고, 낮에도 태양이 뜨지 않는 현상은 극야예요. 오로라는 태양 활동으로 나타나는 자연 현상이지요. (☞ 20~21쪽)

4. 툰드라
└ 툰드라에 대한 설명이에요. (☞ 23쪽)

2화

1. 오존층
└ 오존층에 대한 설명이에요 (☞ 34~35쪽)

2. O, O, X
└ 영구 동토층이 녹으면 땅이 불안정해져요. 땅속 온실가스가 나와 지구 온난화가 심해질 수 있으며, 세균과 바이러스가 깨어나 감염병이 돌 위험도 있어요. (☞ 36~37쪽)

3. 본문을 참고해 적어 봐요.
└ 지구 온난화로 남극에 눈 대신 비가 내리기 때문이에요. 새끼 펭귄의 털은 방수 기능이 약한 탓에 비에 젖어 체온이 떨어져 죽는 일이 늘었어요. (☞ 38~39쪽)

4. ③
└ 사진과 설명이 가리키는 생물은 크릴이에요. (☞ 39쪽)

3화

1. 이누이트족
└ 이누이트족에 대한 설명이에요. (☞ 52~53쪽)

2. O, X, O
└ 지구 온난화로 북극해 얼음이 줄면서 북극 항로 가능성이 새롭게 열리고 있어요. (☞ 54~55쪽)

3. 남극점
└ 아문센과 스콧은 최초로 남극점에 닿기 위해 경쟁을 펼쳤어요. (☞ 57쪽)

4. 본문을 참고해 적어 봐요.
└ 쇄빙선은 얼음 덮인 바다에서 나아가도록 설계된 배로, 얼음으로 뒤덮인 극지방을 연구하기 위해서 꼭 필요해요. (☞ 58~59쪽)

4화

1. ③
…▶ 북대서양 해류에 대한 설명이에요.
(☞ 70쪽)

2. 본문을 참고해 적어 봐요.
…▶ 흰색 털은 눈과 어우러져 몸을 숨기는 보호색 역할을 해요. (☞ 73쪽)

3. X, X, O
…▶ 추운 남극에도 식물이 살고 있어요. 크릴은 생김새가 새우와 닮았을 뿐이지, 동물성 플랑크톤의 한 종류예요. (☞ 74~75쪽)

4. ②
…▶ 펭귄은 다른 새와 달리 속이 꽉 찬 무거운 뼈를 가져서 잠수하는 데 유리해요.
(☞ 76쪽)

5화

1. O, X, O
…▶ 2002년, 북극 다산과학기지가 문을 열었어요. 이로써 우리나라는 북극과 남극에 과학 기지를 모두 가진 여덟 번째 나라가 되었지요. (☞ 88~89쪽)

2. 본문을 참고해 적어 봐요.
…▶ 극지방의 극심한 추위를 막으려면 특수 제작된 방한복을 입고, 방수 기능이 있는 옷을 덧입어야 해요. 보안경과 장화도 착용해야 하지요. (☞ 90쪽)

3. ①
…▶ 극지방은 지구 온난화 영향을 가장 크게 받는 곳이에요. (☞ 92~93쪽)

4. 남극 조약
…▶ 남극 조약에 대한 설명이에요.
(☞ 94~95쪽)

찾아보기

ㄱ
극야 ·· 20, 91

ㄴ
남극점 ························ 17, 20, 57~58, 62~63, 98
남극 조약 ································· 17, 23, 94
남극해 ····························· 17, 23, 59, 75, 92

ㄷ
다산과학기지 ····························· 58, 71, 88~89

ㅂ
백야 ·· 20
북극곰 ····································· 23, 38, 72~73
북극이사회 ··· 94
북극점 ································· 16, 20, 57~58
북극 항로 ·· 54~55
북극해 ································· 16, 22~23, 36, 38,
                                         54~55, 70, 72~73, 92
빙붕 ··· 19
빙산 ··· 19
빙상 ··· 18
빙하 ······························ 18~19, 40, 89, 98
빙하 코어 ·· 40

ㅅ
세종과학기지 ···························· 58, 88~89, 91
쇄빙선 ··· 58
스콧 ································· 57, 62~63, 98

ㅇ
아라온호 ································· 59, 88, 92
아문센 ································· 55, 57, 62~63, 98
오로라 ··· 21
오존층 ····································· 34~35, 88
이글루 ··· 52

ㅈ
자기장 ··· 21
자외선 ····································· 34~35
장보고과학기지 ························ 58, 88~89, 91, 93
지구 온난화 ························ 36~41, 53, 55, 92

ㅋ
크레바스 ································· 19, 63, 93
크릴 ·································· 23, 39, 74~75

ㅌ
태양풍 ··· 21
툰드라 ····································· 23, 36, 71, 73

ㅍ
판게아 ··· 44
펭귄 ··············· 23, 38~39, 76~77, 80~81
프레온 가스 ····································· 34~35

ㅎ
해빙 ································· 18, 37, 72, 89

초등 교과 과정에 알맞게 개발한 통합교과 정보서

참 잘했어요 과학

하나의 과학 주제를 다양한 분야에서 살펴보는 통합교과 정보서입니다.
재미있는 스토리와 서술형 평가에 대비하는 워크북도 함께 실었습니다.
서울과학교사모임의 꼼꼼한 감수로 내용의 정확도를 높였습니다.

불 때문에 난리, 물 때문에 법석! **기후 위기**
글 신방실 | 그림 시미씨 | 값 11,000원

생명이 꿈틀꿈틀! **바다와 갯벌**
글 최설희 | 그림 이창우 | 값 13,000원

땅이 바싹, 목이 바싹! **사막과 물**
글 신방실 | 그림 권도연 | 값 13,000원

1 또 하나의 가족 **반려동물**
2 범인을 찾아라! **과학수사**
3 뼈만 남았네! **공룡과 화석**
4 과학을 타자! **놀이기구**
5 약이야? 독이야? **화학제품**
6 두 얼굴의 하늘 **날씨와 재해**
7 고수의 몸짱 비법 **운동과 다이어트**
8 이젠 4차 산업 혁명! **로봇과 인공지능**
9 과학을 꿀꺽! **음식과 요리**
10 외계인의 태양계 보고서 **우주와 별**
11 나 좀 살려 줘! **환경과 쓰레기**
12 시큼시큼 미끌미끌 **산과 염기**
13 시원해! 상쾌해! **화장실과 똥**

14 대비해! 대피해! **지진과 안전**
15 이게 무슨 소리?! **음악과 소음**
16 세상에서 가장 착한 초록 **반려식물**
17 가슴이 콩닥콩닥 **성과 사춘기**
18 눈이 따끔, 숨이 탁! **미세먼지**
19 미생물은 힘이 세! **세균과 바이러스**
20 그 옛날에 이런 생각을?! **전통과학**
21 땅속에서 무슨 일이?! **보석과 돌**
22 줄을 서시오! **원소와 주기율표**
23 드라큘라도 궁금해! **피와 혈액형**
24 불 때문에 난리, 물 때문에 법석! **기후 위기**
25 결정은 뇌가 하지! **뇌와 AI**
26 지켜 주지 못해 미안해! **멸종 동물**

27 생명이 꿈틀꿈틀! **바다와 갯벌**
28 가상에 쏙, 현실이 짠! **메타버스**
29 작지만 무서워! **미세 플라스틱**
30 세상이 번쩍, 생각이 반짝! **전쟁과 발명**
31 어제는 패션, 오늘은 쓰레기! **패스트 패션**
32 내 몸을 지켜라! **면역과 질병**
33 식물일까? 동물일까? **버섯과 곰팡이**
34 더 빨리, 더 멀리! **미래 교통**
35 땅이 바싹, 목이 바싹! **사막과 물**
36 살아남거나, 사라지거나 **인류와 진화**
37 무엇을 먹게 될까? **미래 식량**
38 지구 끝에 무슨 일이?! **북극과 남극**